철학상담 & 철학치료

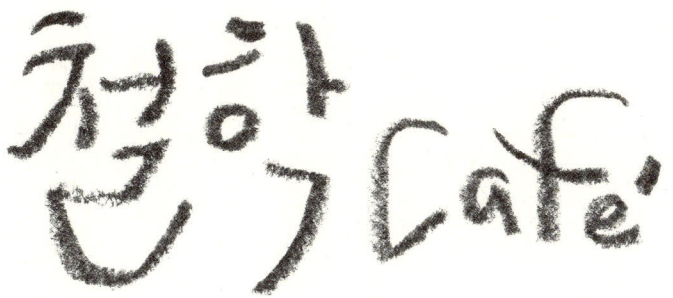

서명석

책인숲

철학상담&철학치료

철학 Cafe

서 명 석
제주대학교 교육대학 교육학과 교수

- 한국학중앙연구원 한국학대학원 졸업 / 철학박사
- 현재 제주대학교 사회교육대학원 심리치료학과에서 철학상담, 철학치료, 명상치료,
  수양치료 등을 가르치며 후학 양성과 학문 연마에 몰두하고 있다.
- 최근 대표적 저작과 논문
  『주역상담&주역치료』(2017)
  『퇴율공부법과 현대교육 비판』(2017)
  『성리학의 수양치료』(2018)
  「다산 기호담론의 수양치료적 해석」(2017)
  「율곡 몸공부법의 수양치료적 이해」(2017)
  「율곡 성학의 교육적 재음미」(2018)

Cogito quia vivo!

나는 생각한다.
왜냐하면 나는 살아있기 때문이다!
―호세 오르테가 이 가세트

철학상담&철학치료 철학Cafe

초판인쇄	2018년 9월 10일
초판발행	2018년 9월 20일
지은이	서명석
디자인	디자인에이비
펴낸곳	책인숲
출판등록	142-91-51951
주소	경기도 용인시 기흥구 기흥역로 9 롯데캐슬레이시티 A동 2801호
대표전화	031-276-6062
팩스	031-696-6601
전자우편	booksinforest@gmail.com

© 책인숲, 2018, Printed in Korea
ISBN   979-11-89441-00-5   03100

*이 책 내용의 일부 또는 전부를 재사용하려면 반드시 책인숲의 동의를 얻어야 합니다.
*잘못 만들어진 책은 구입하신 곳에서 교환해 드립니다.
*이 도서의 국립중앙도서관 출판예정도서목록(CIP)는 서지정보유통지원시스템 홈페이지(http://seoji.nl.go.kr)와
 국가자료공동목록시스템(http://nl.go.kr/kolisnet)에서 이용하실 수 있습니다.(CIP제어번호 : 2018024929)

ὁ δὲ ἀνεξέταστος βίος οὐ βιωτὸς ἀνθρώπῳ

The unexamined life is not worth living.

음미하지 않는 삶은 살 가치가 없다.
―소크라테스의 『변론 38a』 중에서

일러두기

1. < >는 필요시 하나로 묶어서 사용할 때 쓰였다.
2. 『 』는 책이름을 뜻한다.
3. -은 특별히 강조하여 표현할 때 쓰였다.
4. 기타 사항은 기존 관례를 따랐다.

차례

머리말　　10

1부 지혜를 사랑하는 놀이터　　17

1. 철학의 존재 이유　　18
2. 철학　　22
3. 철학함　　35

2부 상담과 치료의 이중주　　45

4. 상담　　46
5. 치료　　54
6. 상담과 치료의 합주　　60

3부 철학을 통한 상담과 치료의 콜라보　　65

7. 철학상담과 철학치료의 가이드맵　　66
8. 철학상담　　74
9. 철학치료　　85

맺음말　　93

- 더 읽어볼만한 도서　　101

머리말

철학은 지혜를 사랑하는 놀이다!

철학은 지혜-학studies of wisdom이다. 그것은 지혜에 대한 배움이라는 말이다. 여기서 지혜란 무엇인가? 그것은 삶에 대한 자신의 통찰력이다. 이런 지혜는 세 가지로 구성된다. 그것은 〈지혜 = 인지적cognitive 측면의 지혜 + 정의적affective 측면의 지혜 + 행동적behavioral 측면의 지혜〉로 말이다. 첫째, 인지적 측면의 지혜란 세상을 바라보는 안목과 깊이다. 둘째, 정의적 측면의 지혜란 인지적 측면의 지혜를 지지하고 선호하는 경향성이다. 셋째, 행동적 측면의 지혜란 인지적 측면의 지혜를 실제 삶에서 실행하는 능력이다. 이런 지혜의 정의를 토

대로 깔아 놓고 더 나아가 보자. 철학의 맥락에서 우리가 지혜로울 때 우리 삶은 질적으로 밀도가 높으면서 행복할 수 있다. 그러나 우리가 어리석을 때 우리 삶은 질적으로 밀도가 낮으면서 불행할 수 있다. 이 맥락에서 불행은 경제적 부나 사회적 지위 그리고 개인이 가지는 명예의 유무 등에 의하여 느끼는 상대적 박탈감을 말하지 않는다. 오로지 인간이 가지는 어리석음으로 인하여 발생되는 삶의 고통과 난관을 응축시켜 놓은 것이 불행이다. 그렇다면 불행을 제거해 주고 인간을 행복으로 이끌어주는 길은 과연 있는가.

여기서 행복이란 인간이 마음속에서 지혜롭게 느끼는 존재의 충만감이다. 반면 불행이란 지혜-없음으로 해서 일어나는 존재의 빈곤함이다.

❖ 아는 것이 많아서 행복하고, 가진 것이 많아서 행복하다.
❖ 아는 것이 적어서 불행하고, 가진 것이 없어서 불행하다.

이런 생각은 완벽한 오-개념mis-conception이다. 이런 오-개념을 벗어나 우리는 다른 지평에서 행복과 불행을 바라보아야 한다. 이 책에서 바라보는 행복과 불행의 지평은 이런 것이다.

❖ 지혜로움*으로 가득 차 있으면 그 존재는 행복한 사람이다.
❖ 어리석음**으로 덮여 있으면 그 존재는 불행한 사람이다.

*세상을 바라보는 안목과 깊이가 있음
**세상을 바라보는 안목과 깊이가 없음

그런데 문제는 자신이 스스로 자신의 어리석음을 깨닫고 있지 못한다는 점이다. 그래서 누군가의 도움이 필요하다. 그 누군가는 철학상담자philosophical counselor이고, 그의 도움을 통하여 어리석은 자가 지혜로운-자philo-sopher로 다시 태어난다. 그러면서 그 어리석음으로 생겨났던 삶의 고통과 번민을 해-소dis-solution하게 되는데, 이것이 철학치료Philosophical Therapy다.

❖ 어리석음 ⟶ 지혜로움

어리석음에서 지혜로움으로 나아가도록 전문적으로 도와주는 활동이 철학상담Philosophical Counseling이고, 그 결과로 어리석은 자가 지혜로운 자가 되는 것이 철학치료다. 여기서 철학상담과 철학치료는 개념적으로 서로 구분되는 것이라도 실제 사태에서는 둘이 상호 연동하면서 서로 연대하는 개념-틀이다. 즉 철학치료가 철학상담과 개념적으로 분리되는 것이 아니라 철학상담과 함께 하는 쌍-개념pair-concept이라는 점을 유념해야 한다.

이런 프레임을 축으로 해서 다음과 같은 내용을 이 책에서 다룰 것이다.

- 1부 — 철학의 세계를 보여준다
- 2부 — 상담과 치료의 지평을 열어준다
- 3부 — 철학상담과 철학치료의 지형을 그려준다

1부, 2부, 그리고 3부를 통해서 그런 길이 있음을 구체적으로 보여주고 그 길의 지형과 풍광을 알려주는 것이 이 책의 지향처다. 그러니 이 책을 통해서 우리가 함께 지혜의 길을 내보자! 다음과 같은 루쉰(魯迅·1881~1936)의 희망가를 크게 부르면서 말이다.

희망은 길이다

희망이란,
본래 있다고도 할 수 없고,
없다고도 할 수 없다.
그것은 땅 위의 길과 같다.
본래 땅 위에는 길이 없었다.
걸어가는 사람이 많아지면
그것이 곧 길이 되는 것이다.

2018년 6월 12일
여름이 깊어가는 오후
지혜를-사랑하는-사람
愛-智-者이 이와 같이 쓰다

1. 철학의 존재 이유

우리 삶에서
철학이 왜 필요할까?
이것은 철학의
〈존재 이유-raison d'être〉를
묻는 것이다.
여러분은 다음 질문에 대하여
자신의 생각을 빈칸에
자유롭게 표현해 보세요.

철학, 왜 필요한가?

읽기 보조 자료

불휘 기픈 남ᄀᆞᆫ

ᄇᆞᄅᆞ매 아니 뮐씨

곶 됴코 여름 하ᄂᆞ니

시미 기픈 므른

ᄀᆞᄆᆞ래 아니 그츨씨

내히 이러 바ᄅᆞ래 가ᄂᆞ니

— 『용비어천가』 제2장 중에서

뿌리 깊은 나무는

바람에 흔들리지 아니 하므로

꽃이 좋고 열매 많다.

샘이 깊은 물은

마르지 아니하므로

내가 이루어져 바다에 간다.

아래 나무 그림을 보고 철학이라는 단어를 떠올렸을 때

여러분은 어떤 생각이 드나요?

글상자에 자신의 생각을 자유롭게 표현해 보세요.

2. 철학

2・1 오늘날 철학이 이렇게 들어왔다

다산(茶山・1762~1836)과 운경(韻敬・1962~)의 가상 대화

운경: 선생님, '철학'을 들어보신 적이 있으신가요?

다산: 그런 적 없소! 그런데 '철학'이 대체 뭐요?

운경: 오늘날 저희는 philosophy의 번역어로 철학이라는 단어를 사용하고 있습니다.

다산: 그런가요. 난 그게 무엇인지 정말 모르겠소!

적어도 18, 19세기 다산이 살던 시대에 철학이라는 용어는 없었다. 그러니 철학이 다산에게는 익숙하지 않다. 이때 철학은 philosophy를 말한다. 이런 정황에서 보면 철학은 근세에 이 땅에 수입된 것임이 분명하다. 우리나라는 서구식 근대화를 하면서 대다수 학술 용어를 일본이 번역한 것을 직수입했다. 그 중의 하나가 철학이다. 이러하니 다산이 '철학'이라는 용어를 모르는 것은 그리 놀라운 일이 아니리라.

일본은 서양 문물을 받아들이면서 서양에서 발원하는 용어들을 그들의 한자로 번안하기 시작했다. 그 일례가 철학이다. 일본 메이지 시대 니시 아마네(西周·1829~1897)가 philosophy를 '철학'으로 번역했다. 이렇게 해서 철학이 세상에 나오게 되었고, 우리가 수입해서 오늘날 그것을 쓰고 있는 것이다.

아래 글상자에 자신의 생각을 자유롭게 표현해 보세요.

철학이란 무엇인가?

2·2 철학은 고대 그리스에서 출발했다

소크라테스(Socrates • BC 470~BC 399)와 운경의 가상 대화

운경: 선생님, 그리스어로 철학을 어떻게 표현하나요?

소크라테스: 〈필로-소피아philo-sophia〉라 하지요.

운경: 그럼 그것을 오늘날 영어로 어떻게 표현하는지 아시나요?

소크라테스: 글쎄! 난 모르겠소.

철학이란 무엇인가? 사실 철학을 한마디로 정의하는 것은 불가능하다. 이런 표현은 그 만큼 철학을 정의하는 작업이 쉽지 않다는 점이다. 그렇다 하더라도 철학을 정의하는 일을 포기해서는 안 된다! 그래서 여기에 철학을 정의하는 데 도움을 주는, 즉 힌트를 제공하는 두 가지 열쇠를 제시해 보겠다.

힌트 ①: 철학의 어원

❖ philos + sophia → philo-sophia

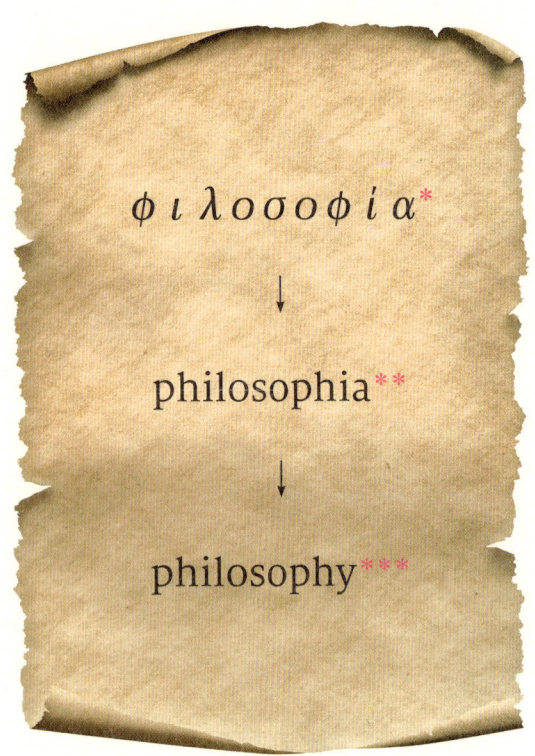

* 그리스어
** 라틴어
*** 영어

그리스어로 philos는 사랑love을 말하고, sophia는 지혜wisdom를 뜻한다. 위의 philos에서 s를 빼면, philo인데 이것을 접두사로 쓰면 philo-가 된다. 이때

'philo-'는 '사랑하는' 또는 '좋아하는'을 의미한다. 또한 위의 sophia에서 마지막 두 철자 -ia가 명사형 접미사 -y로 바뀌면서 sophy가 되었다. 이렇게 해서 나온 것이 오늘날 영어 philosophy다. 그러므로 원래 의미층을 되살려 충실하게 풀면 philo-sophy가 지혜-사랑 love of wisdom인 것이다. 이를 다시 한자로 쓰면 '애-지愛-智'인데, 이것이 말하자면 '철학'이다.

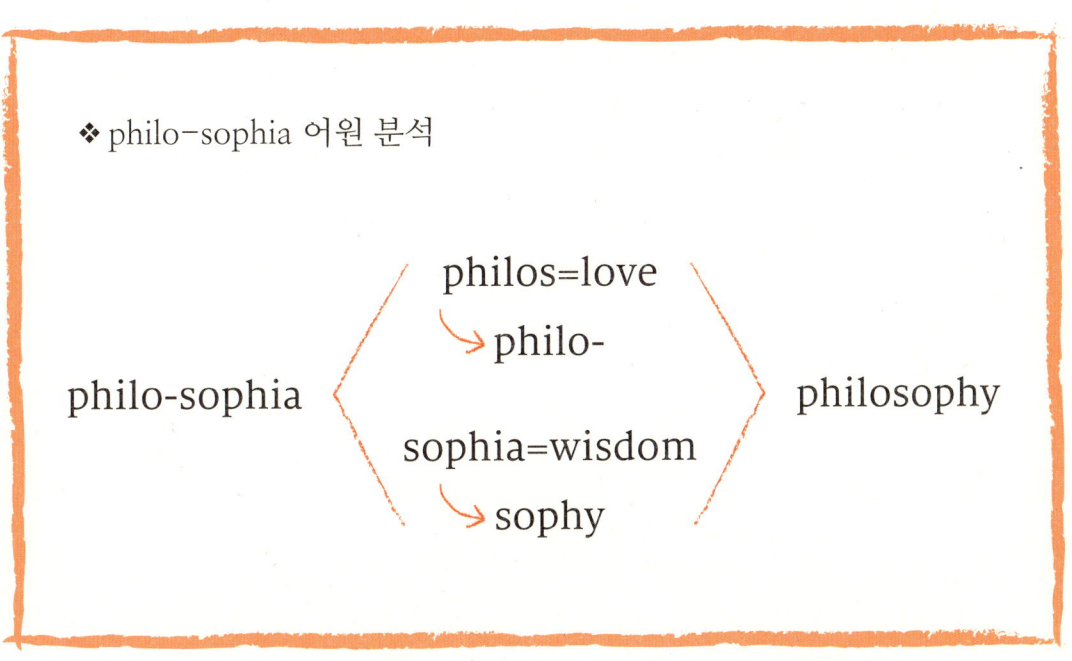

❖ philo-sophia 어원 분석

힌트 ②: 철학의 위치

하이데거(M. Heidegger • 1889~1976)와 운경의 가상 대화

운경: 선생님, 철학의 다른 이름이 무엇인가요?

하이데거: 그건 말이죠, 형이상학입니다.

운경: 형이상학이 무엇인지 아주 쉽게 말씀해 주실 수 있습니까?

하이데거: 물론이죠. 형이상학은 뿌리-학study of root, 즉 뿌리에-대한-탐구입니다.

철학은 무엇인가? 그것은 형이상학Metaphysics이다! 여러분은 왜 이런 대답이 가능한 지 한번 생각해보라. 다음 그림을 보면서 말이다.

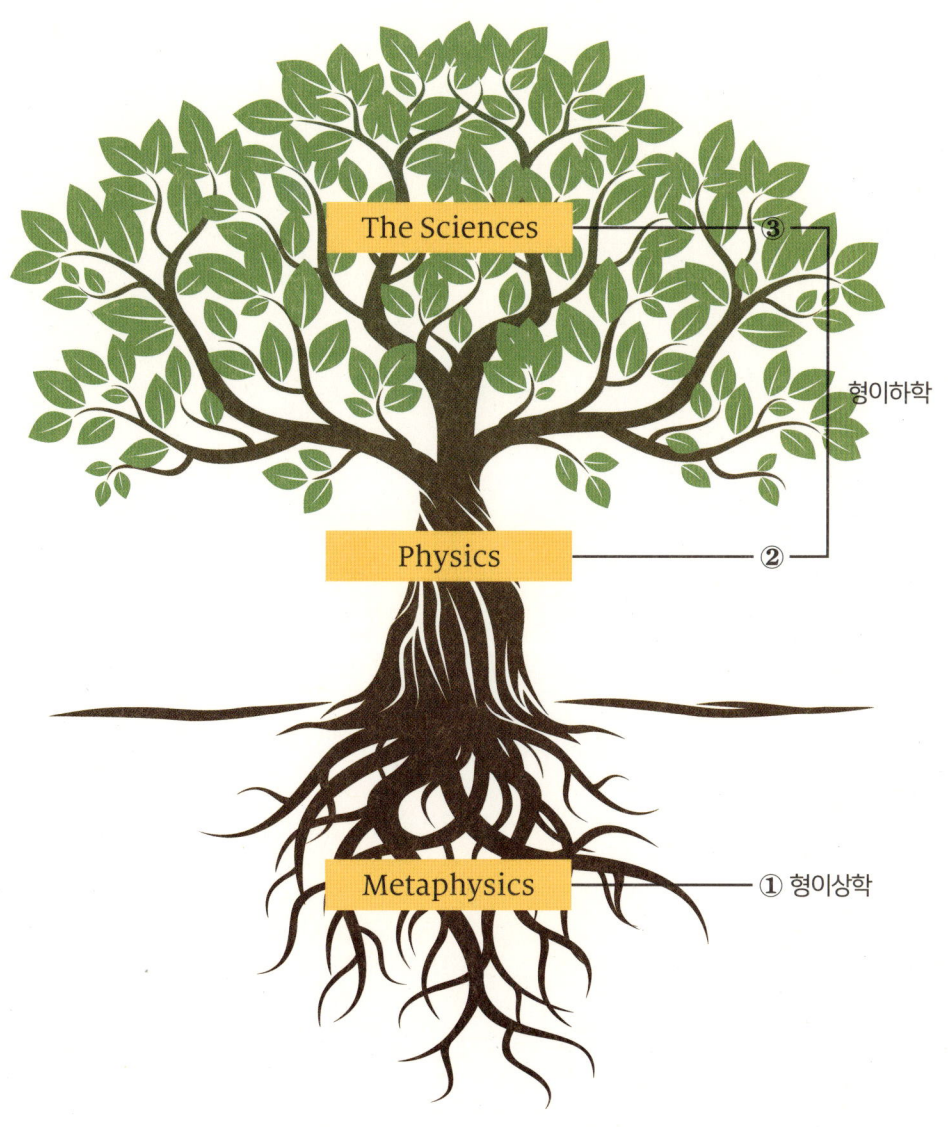

그림 1·1 데카르트(R. Descartes · 1596~1650)가 정리한 학문의 나무

이 그림의 나무는 뿌리, 줄기, 가지의 세 부분으로 이루어진다. 뿌리는 메타피직스Metaphysics, 줄기는 피직스Physics, 가지는 사이언스The Sciences로 말이다. 그렇다면 이 나무가 왜 이렇게 나뉘어져 있을까?

이 세상에는 보이는 것과 보이지 않는 것이 있을 수 있다. 이 문장 중에서 세상을 나무로 바꾸어 각색해보면 이렇게 바꿀 수 있다. 나무에는 '보이는 것'과 '보이지 않는 것'이 있다. 이때 '보이지 않는 것'에 '①' 그리고 '보이는 것'에 '②'를 부여해보자.

이때 ①이 나무뿌리이고, ②가 나무줄기다. 일반적으로 뿌리는 어떠한가? 그것은 땅속에 숨어 있어서 보이지 않는다. 하지만 보이지 않는다고 해서 뿌리가 존재하지 않는 것은 아니다. 분명 존재하지만 땅속에 묻혀있기 때문에 뿌리가 보이지 않을 뿐이다! 이것이 ①이다. 그러나 줄기는 어떠한가? 그것은 땅 위로 드러나 있기에 잘 보인다. 이것이 ②이다. 만약 그림의 나무가 열매를 맺는 나무라면 가지에 꽃이 피고 거기에 수많은 열매들이 열릴 것이다. 이때 나무 '열매들'이 '③'이다. 이를 최종 정리해놓자.

① 나무뿌리 → Metaphysics
② 나무줄기 → Physics
③ 나뭇가지에 열리는 열매들 → The Sciences*

이 중에서 ①을 형이상학이라 하고, ②와 ③을 형이하학이라 한다. 왜 그럴까? 이것을 푸는 열쇠는 ②안에 들어 있다. 나무에서 줄기와 같이 구체적인 형태로 드러나는 것[形而下]이 보이는 것이요, 이러한 것[形而下]**에 대한 탐구[學]가 형이하학形而下學이다. 이러한 관점에서 보면 나뭇가지인 ③도 ②와 같이 구체적으로 드러나는 것이요, 그것에 대한 탐구이므로 형이하학이다. 한편 ①은 ②③과 다르다. 나무에서 뿌리와 같이 구체적인 형태로 드러나지 않는 것[形而上]***이 보이지 않는 것이요, 이러한 것[形而上]에 대한 탐구[學]가 형이상학形而上學이다.

*나뭇가지에 여러 열매들이 열리듯이 The Sciences는 나무에서 열리는 복수 형태의 각종 분과학分科學을 뜻한다. 예를 들어, 정치학, 경제학, 사회학, 심리학 등이 이에 속한다. 원래 소문자로 쓸 때 'science'는 '~학'이라는 말이다.

**형이하란 구체적인 것이다.

***형이상이란 추상적인 것이다.

원래 '보이는 것'이 소문자 p로 시작하여 보통명사인 'physics'이고, '보이지 않는 것'이 소문자 m으로 시작하여 보통명사인 'metaphysics'이다. 이때 'meta-'란 접두사로 '보이는 것 너머에 숨어 있어 보이지 않는'이라는 뜻이다. 그러나 대문자로 시작하는, 즉 고유명사의 형태인 피직스Physics와 메타피직스Metaphysics로 쓰면 그 뜻은 달라진다.

❖ 소문자로 시작하는 보통명사일 때 보이는 것: physics
❖ 소문자로 시작하는 보통명사일 때 보이지 않는 것: metaphysics

↓

❖ 대문자로 시작하는 고유명사일 때 보이는 것에 대한 탐구인 형이하학: Physics
❖ 대문자로 시작하는 고유명사일 때 보이지 않는 것에 대한 탐구인 형이상학: Metaphysics

이런 이유로 Physics는 자연과학을 말하고, Metaphysics는 철학을 뜻한다. 위의 그림 1·1을 보면 지표면을 기준으로 했을 때 땅 밑은 형이상학이 되고, 땅 위는 형이하학이 된다.

Q: 철학이란 무엇인가?
A: 형이상학이다.

하이데거가 철학을 뿌리-학study of root이라고 말한 것은 뿌리에서 출발하여 근본, 정초, 근원, 본질로 그 의미가 확장해 나간다는 뜻이다. 그러므로 철학은 어떤 것의 근본, 정초, 근원, 본질을 탐구하는 학문이다.

만물에는 근본과 말엽이 있다.
즉 물유본말 物有本末!
철학도 역시 그렇다.

3. 철학함

존재함은 사색함이고, 사색함은 존재함이다.
Being is Thinking and Thinking is Being.

―하이데거(M. Heidegger)

그림 1·2 철학하는 인간 ①

그림 1·3 철학하는 인간 ②

철학함이란 무엇인가? 그것은 사색함Thinking이다. 그런 사색함을 행하는 인간의 모습이 존재함Being이다. 그렇게 때문에 하이데거의 말대로 존재함이 사색함이요, 사색함이 존재함이다.

그림 1·2와 그림 1·3은 철학하는 사람의 모습을 보여주고 있다. 그림을 보라. 두 사람, 모두 깊은 사색에 잠겨 있다. 그들은 지금 철학함 중이다!

예시 1: 교실 안 가상 풍경 하나

교사: 자 여러분 지금은 수학시간입니다. 수업에 들어가기 전에 잠깐 두뇌 운동을 해 볼까요.

학생들: 예.

교사: 2+6×7+3얼마인가요?

학생들이 머릿속으로 셈을 시작한다.

예시 2: 교실 안 가상 풍경 둘

어느 초등학교 6학년 교실 도덕시간이다.

교사: 교과서 33쪽을 폅시다. 오늘은 협동에 대하여 공부하겠어요. 먼저 공부할 문제를 큰 소리로 읽어 봅시다.

학생들: 협동의 뜻을 알고 협동이 필요할 때 협동하는 태도를 기른다.

교사: 모두 잘 읽었어요. 그럼 누가 먼저 협동이 무엇인지 발표해보자.

그때 난데없이 민철이가 벌떡 일어나면서 다음과 같이 물었다.

민철: 선생님! 그런 것 말고 제가 누구죠? 제가 어떻게 살아야합니까?

교사: 민철아! 오늘 뭐 잘못 먹었니? 엉뚱한 소리하지 말고 자리에 앉으세요. 자, 수업하자.

예시 ①과 예시 ②에 등장하는 학생들과 민철이는 모두 thinking 중이다. 그러나 같은 thinking이지만 차원이 다르다. 예시 ①의 학생들은 수학 문제를 풀기위해 사고 중이다. 따라서 이때의 thinking은 사고활동일 뿐이다. 예시 ②는 좀 복잡하다. 예시 ②에 등장하는 학생들은 교사의 지시에 따라 공부할 문제를 풀기 위해 사고할 것이다. 이때 사고가 thinking이다. 이런 thinking은 영역만 다를 뿐이지 예시 ①에 등장하는 학생들이 행하는 thinking과 같은 것이다. 그러나 민철이의 thinking은 차원이 다른 행동이다.

나는 누구인가?
Who am I?

나는 어떻게 살아야 하는가?
How should I live?

이런 큰 질문 big question 에 대하여 우리가 각자 답을 찾아가는 활동도 thinking이다. 그러나 이런 thinking을 사고 또는 생각이라 부르지 않고, 철학적인 물음에 대한 사고라고 한다. 이런 〈철학적인 물음에 대한 사고〉를 줄여서 〈철학적 사유〉 또는 〈철학적 사색〉*이라 부른다. 다만 철학적 사유와 철학적 사색의 차이는 사유보다 사색이 더 깊은 세계로 들어가 있다는 점이다.

민철이는 지금 〈철학적 사고〉** 중이다! 다시 말해 그는 자신에 대한 존재 물음과 삶에 대한 근원적 질문을 위와 같이 던지고 있다. 이것이 민철이의 철학적 사유이

*철학적 사유 또는 철학적 사색은 영어로 쓰면 둘 다 철학적 사고 philosophical thinking이다. 예시 ②의 민철이가 말하는 철학적 맥락에서 즉, philosophical thinking의 맥락에서 philosophical이 없이 thinking만 써도 이것은 당연히 사유이고 사색이다.

**철학적 사고란 인간이 정답이 없는 문제와 마주해서 스스로 해답을 찾아가는 과정이다.

자 철학적 사색이다. 이런 민철이의 모습을 보고 우리는 그것을 철학하는 인간Homo philosophicus이라 부른다.

Homo philosophicus

*이때 철학하는 인간이란 삶의 뿌리, 근본, 근원, 정초, 본질에 대하여 끊임없이 묻고 또 묻는 사람이다.

**아-하 체험, 이것은 일종의 유레카eureka를 뜻한다.

철학하는 인간*이 되어라! 위의 민철이 같이 말이다. 그렇기 위해서는 끊임없이 묻고questioning, 사유하고thinking, 다시 사색하라re-thinking! 이것이 철학함philosophizing이다. 이렇게 하다 보면 어느 순간 새로운 세계가 문득 찾아든다. 이 순간이 바로 〈아-하a-ha 체험experience〉**의 지경至境이다.

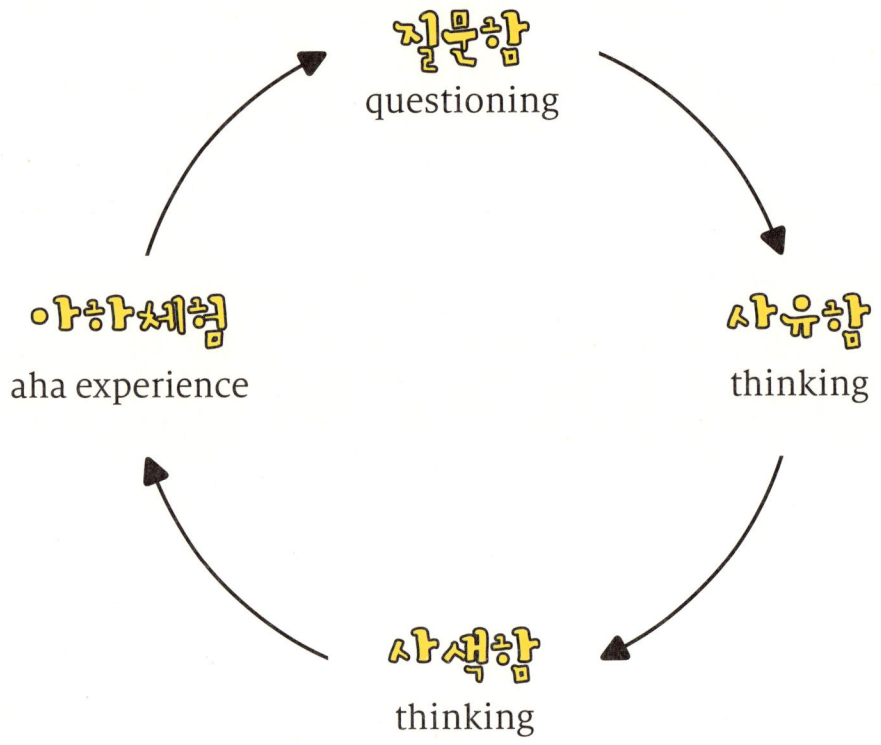

그림 1·4 철학함의 파라디그마 paradigma*

*이것은 패러다임 paradigm 을 말하는 라틴어로 그 뜻은 범례 또는 예시이다.

철학함이란 질문함이요, 사유함이자 다시 사색함이다!
To philosophize is questioning, thinking, and re-thinking!

그런데 그 철학함은 삶에 관한 철학이고, 삶으로부터 철학함을 시작하며, 이러한 모든 과정은 실존의 기술이다. 그림 1·5가 이를 보여준다.

1. 삶에 *관한* 철학 philosophy *about* life
2. 삶*으로부터*의 철학함 philosophizing *from* life
3. *실존의* 기술 art *of* existence

그림 1·5 삶의 캠프로서의 철학 트라이앵글

철학은 삶 그 자체에서 태동되며 ……
그 형태가 아무리 원초적인 것이라 할지라도
철학함을 피할 수 없다.
　　　　　　　　　　　—호세 오르테가 이 가세트

1부 지혜를 사랑하는 놀이터

어느 대학 철학 수업 강의실 풍경

학생:
교수님, 철학이 뭐에요?

교수:
그냥 사는 거야.

2부

상담과 치료의 이중주

상담과 치료

Counseling & Therapy

4. 상담

옆의 빈칸에 글이나 그림 등으로
자신의 생각을 창의적으로
표현해 보세요.

상담이란 무엇인가?

상담相談: *문제를 해결하거나 궁금증을 풀기 위하여 서로 의논함.*
―국립국어원 『표준국어대사전』 중에서

상담은 대화다! A와 B가 같이 하는 대화 말이다. 이를 관계식으로 표현해보자.

$$A : B = 상담자 : 내담자$$

이때 A는 상담자counselor이며 B는 내담자client다. 이렇게 두 사람이 서로 마주보고 대화하는 것이 상담이다. 이럴 때 우리는 A와 B를 대화하는 인간Homo dialogus*이라 부른다.

*이때 dia-logus는 말logus, 즉 대화로 가로지르는dia- 뜻이다.

Homo dialogus

나와 네가 대화한다. 그러므로 우리들은 존재한다!

그런데 상담에서 대화는 상담자와 내담자 사이에 반드시 전제되어야 할 것이 있다.

상담자 : 내담자
↓
선진 : 후진

이때 선진先進은 상담자로 세상을 바라보는 식견과 안목이 내담자인 후진後進 보다 더 높은 위치에 있는 자이다. 반면 후진인 내담자는 선진인 상담자와 반대의 위치에 있다. 만약 이런 전-제pre-supposition가 성립하지 않으면 상담의 구조와 특성상 진정 상담이라 볼 수 없다! 이런 특성 때문에 선진과 후진은 아래처럼 다시 변주를 거듭한다.

> 선진 : 후진
> ↓
> 전문가 : 비전문가

또 하나 전-제가 더 있다. 인간은 그림 2·1처럼 세 부류의 발달 영역이 반드시 있다는 것이다. 그것은 〈① 가장 안쪽에 자리 잡은 원: 기존 깜냥의 영역, ② 안쪽 원과 바깥쪽 원 사이인 가운데에 자리 잡은 원: 외부인의 도움으로 더 확장할 수 있는 깜냥의 영역, ③ 바깥쪽에 자리 잡은 원: 외부인이 도와주어도 더 이상 미치지 못하는 깜냥의 영역〉으로 말이다. 이 중에서 비고츠키(L. Vygotsky · 1896~1934)는 근접해-있으면서-발달할-수-있는-영역Zone of Proximal Development*으로 ②를 개념화하였다.

*이를 근접발달영역ZPD이라 약칭한다.

그러므로 이런 ② ZPD 때문에 상담자는 내담자 자신이 가지고 있는 깜냥보다 더 큰 깜냥의 세계로 내담자를 데리고 갈 수 있다. 상담자는 내담자와 대화를 통하여 내담자의 ② ZPD를 창조적으로 만들어낸다. 내담자는 상담자의 도움을 받아 기존 세계관의 장벽을 허물고 새로운 세계의 지평을 열어 밝힌다.

■ 내담자와 상담자의 협주
가자, ①에서 ②로 함께 힘차게 나아가자!

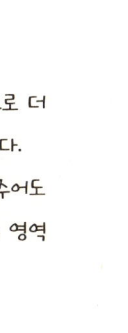

*① 기존 영역이다.
**② 외부인의 도움으로 더 확장할 수 있는 영역이다.
***③ 외부인이 도와주어도 더이상 미치지 못하는 영역이다.

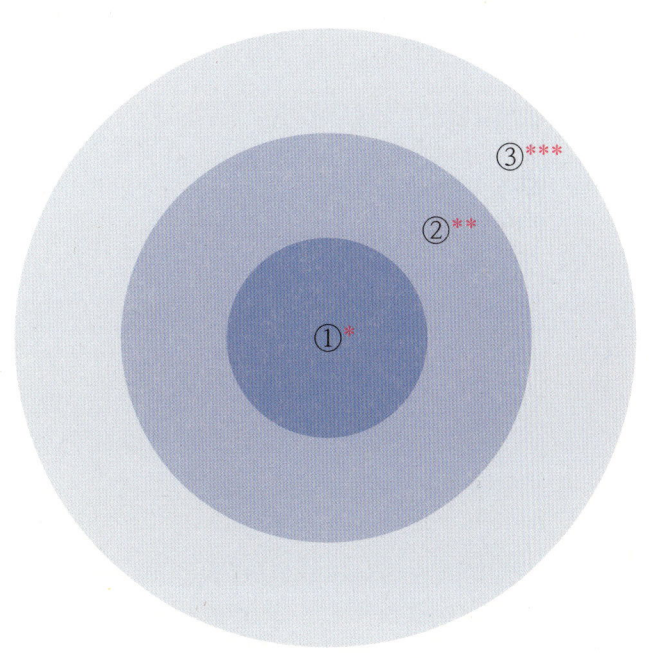

그림 2 · 1 ZPD 개념 모형

5. 치료

치료治療: 병이나 상처 따위를 잘 다스려 낫게 함.
―국립국어원 『표준국어대사전』 중에서

치료는 원래 의료 용어 medical term 다.
그렇다 보니 병원이 먼저 떠오른다.
이런 점을 염두에 두고 다음 물음에
답해 보세요.
자유롭게 글이나 그림 등으로 자신의
상상력을 동원해 치료의 이미지를
아래 빈칸에 표현해 보세요.

치료란 무엇인가?

우선 치료의 어원적 변천을 확인해보자. 치료는 맨 처음 그리스어에서 발원하여 라틴어를 거치면서 오늘날 영어 표현으로 치료therapy가 통용된다.

■ 치료의 3단 변주

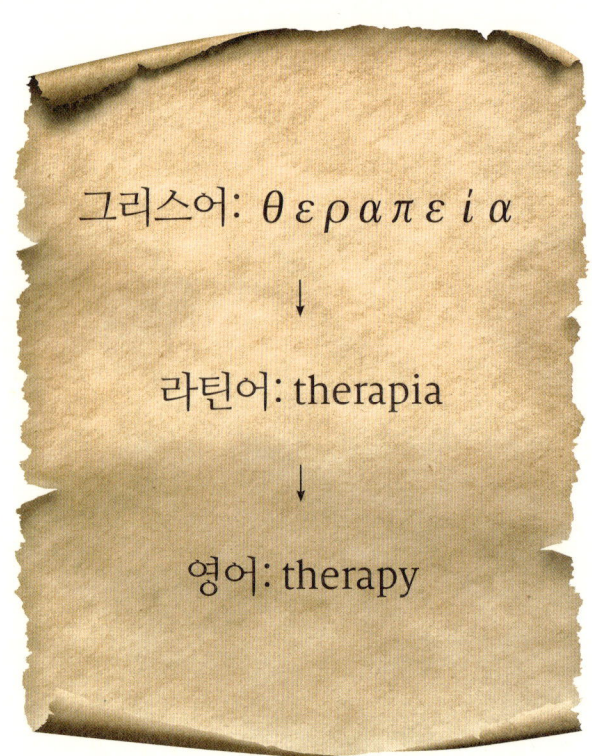

그리스어: θεραπεία
↓
라틴어: therapia
↓
영어: therapy

여기 같으면서도 다른 두 세계 A와 B가 있다고 하자.

■ A의 세계　　　■ B의 세계
의사 : 환자　　　상담자 : 내담자

그런데 A와 B의 세계는 서로 유비의 관계에 있으면서 동시에 A와 B의 세계는 메타포의 관계를 맺고 있다. 그 중에서 유비*의 관계를 먼저 보자.

유비類比 : 사물 상호 간에 대응하여 존재하는 동등성 또는 동일성.
—국립국어원 『표준국어대사전』 중에서

의사 : 환자 = 상담자 : 내담자

이제 메타포**를 보자. 이때 메타포란 관계있는 A와 B의 두 상황이 있을 때, A에서 B로 의미가 이전하면서 A의 원래 의미를 간직한 채 B라는 새로운 의미로 다시 태어나는 것이다.

* 유비 ana-logy란 철학에서 두 사태가 여러 면에서 비슷하다는 것을 근거로 해서 다른 속성도 유사할 것이라고 추론하는 것이다. 짧게 말해서 유추해서 비유함이 유비다.

** 메타포 metaphor는 비유 장치로 그 어원은 '무언가를-A에서-B로-나르다'는 뜻의 그리스어 metapherein이라는 동사의 명사형인 metaphora, 즉 '무언가를-A에서-B로-나르는-활동'에서 기원한다.

■ A의 세계　　　　■ B의 세계
　의사 : 환자　→　상담자 : 내담자

이렇게 A에서 B로 넘어가는 메타포의 도움을 받아 〈치료의 개념-망conceptual network of therapy〉을 그림 2·2 와 같이 만들 수 있다.

그림 2·2 치료의 개념-망

병원에서 의사가 환자를 치료하는 것이 그림 2·2 중 가운데 배치되어 있는 치료다. 그런데 그 치료는 의사 혼자서 하는 것이 아니라 간호사의 도움을 받으면서 함께 이루어진다. 또한 의사 못지않게 간호사도 지극 정성으로 환자를 돌본다. 그림 2·2의 좌우로 포진하고 있는 것들을 보자. 그림 2·2 왼쪽 치료가 의사의 역할이고, 그림 2·2 오른쪽 돌봄이 간호사의 역할이다. 이런 치료와 돌봄은 기본적으로 서비스 마인드로 진행된다. 그런데 그림 2·2 중앙의 치료가 막연하게 이루어지는 것이 아니라 치밀하게 치료를 설계해 놓고, 즉 의도적인 행위나 정교한 프로그램을 통하여 의사는 환자를 치료한다.

상담에서도 상담자는 내담자에게 벌이는 치료를 그림 2·2 개념-망 같이 동일하게 수행해야 할 것이다! 다만 차이가 있다면 그것은 상담자가 의사와 간호사의 두 역할을 내담자에게 동시에 제공을 해야 한다는 점이다.

6. 상담과 치료의 합주

합주合奏: 두 가지 이상의 악기로 동시에 연주함. 또는 그런 연주.
―국립국어원 『표준국어대사전』 중에서

    상담은 상담자와 내담자가 서로 대화함이다. 둘이 서로 대화하는 상담 현상은 겉으로 드러나는 세계이다. 반면 치료는 상담자와 내담자의 대화가 이루어지는 과정에서 내담자가 가지고 있는 문제가 해소됨이다. 이런 현상은 드러나지는 않지만 분명 작용하는 세계이다.

    이런 측면에서 보면, 상담은 양의 세계요, 치료는 음의 세계다. 또한 상담이 표층에서 이루어지는 것이라면, 치료는 심층에서 작용하는 것이다.

밖에서 일어나는 대화로서의 상담이 있었기에 치료가 작용하고, 속에서 치료로서의 작용이 일어남으로 해서 상담 자체가 의미 있게 된다. 이렇게 상담과 치료가 서로 의지하며, 도와준다! 이를 상자인相資因*이라 한다.

*이것은 두 가지가 서로 돕는 관계에 있는 원인을 말한다.

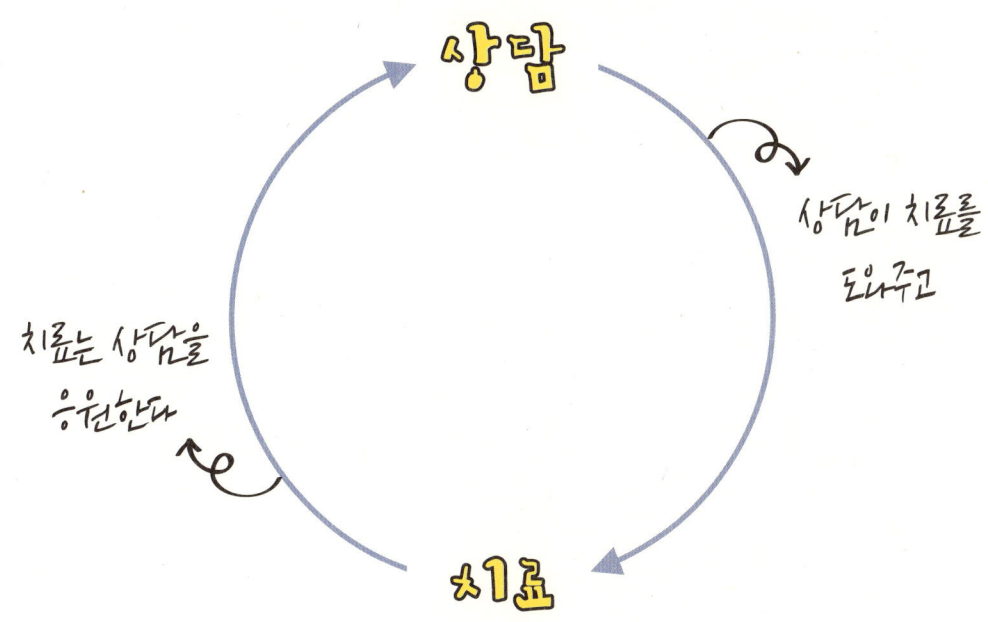

그림 2·3 상담과 치료의 합주 모형

그림 2・3과 같이 상담은 치료를 도와주고, 치료는 상담을 응원한다. 하나의 원 안에서 끊임없이 무한 순환한 채 말이다. 이렇게 상담과 치료는 상담자와 내담자가 대화로 합주–음合奏-音을 생산한다.

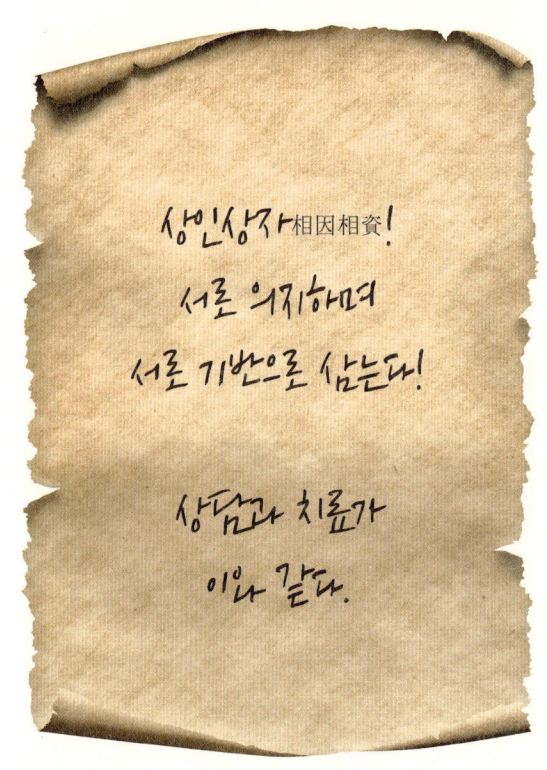

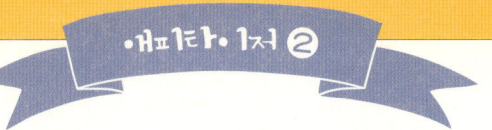

대학가에서 전해 내려오는 전설 같은 이야기

어느 대학 철학 수업에서 담당 교수가 아래와 같은 기말고사 문제를 내자 한 학생이 다음과 같이 답안을 제출하고 A+를 받았다는 전설이 전해진다.

Q: 철학에 대하여 논하시오.

A: ?

3부

철학을 통한 상담과 치료의 콜라보

철학상담 & 철학치료

Philosophical Counseling & Philosophical Therapy

7. 철학상담과 철학치료의 가이드맵

플라톤(Platon・BC 428/427~BC 348/347)과 운경의 가상 대화

운경: 선생님, 인간은 왜 어리석은가요?

플라톤: 어두운 동굴 속에 갇혀 진리를 제대로 볼 수 없어서 그렇습니다.

운경: 그럼 어떻게 해야 지혜로워질 수 있을까요?

플라톤: 어두운 동굴에서 나와 밝은 태양 아래 서 있는 것입니다.

철학상담Philosophical Counseling과 철학치료Philosophical Therapy는 순수 철학이 아니다. 그것들은 철학이라는 어머니의 자궁에서 나온 자식들이다. 이런 점 때문에 철학상담과 철학치료는 응용철학이다. 철학상담과 철학치료를 개념적으로 구분할 수 있지만 실제적 국면으로 내려오면 그것들은 철학실천Philosophical Practice의 관점으로 통합된다. 그림 3・1이 이를 표현한 것이다.

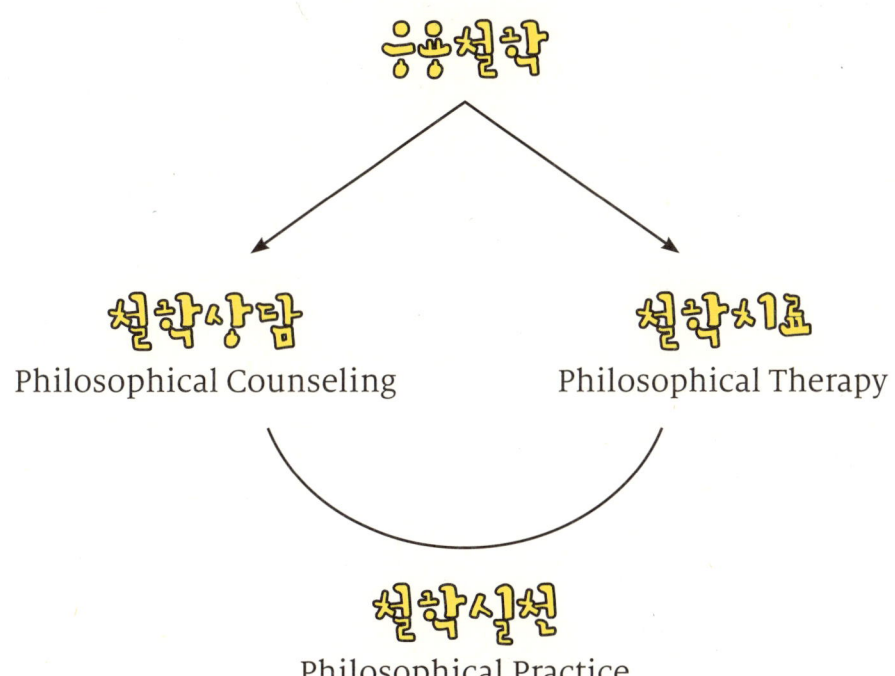

그림 3・1 응용철학의 분화와 통합

그림 3·2는 철학상담과 철학치료가 같은 영역 속에 있으면서 또 다른 산맥으로 각자 솟아나 둘이 어깨를 나란히 하고 있는 모습을 표현한 것이다.

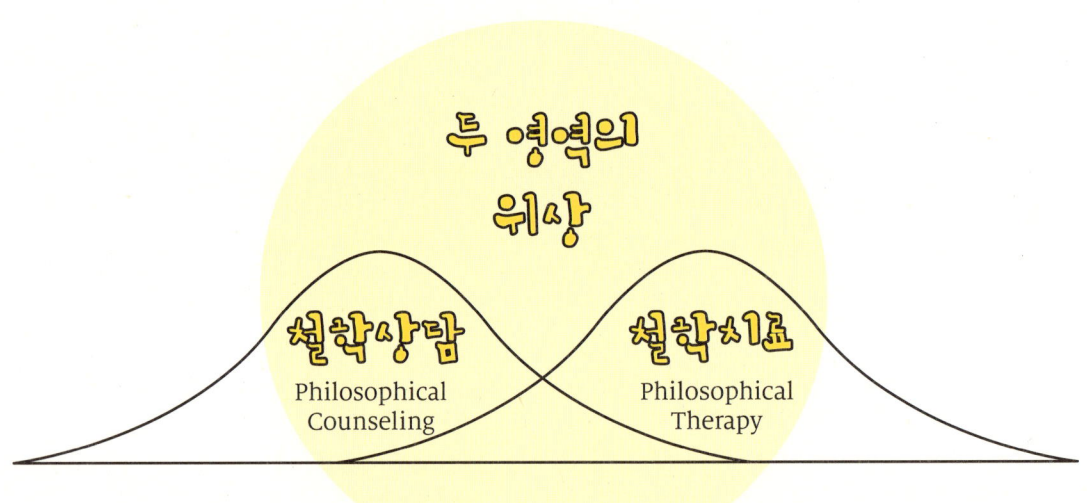

그림 3·2 철학상담과 철학치료라는 두 산맥의 인접과 분리

세간에 일반인의 오해가 있다. 상담과 치료하면 심리상담과 심리치료만 있는 것으로 아는 것이 그것이다. 전혀 그렇지 않다! 표 3·1은 이점을 일러준다. 아래 표

에서 논의 영계universe of discourse란 차이를 개념적으로 논의하는 과정에서 발생되는 영역과 경계를 뜻한다.

논의 영계

구분 모-학문	상담	치료
철학	철학상담	철학치료
심리학	심리상담	심리치료

표 3·1 두 영역의 구분

❖ 위 두 영역의 차이점

*심리상담과 심리치료 중에서 심리상담은 가벼운 심리적 장애mild disorders를 심리학적 관점에서 다루고, 심리치료는 심각한 심리적 장애serious disorders를 심리학적 관점에서 다룬다. 이것이 둘 사이의 차이다. 그러므로 심리상담과 심리치료는 내담자의 각종 심리적 장애를 먼저 진단하고 그 후 치료하는 데 집중된다.

심리상담과 심리치료* — *장애에 초점*focus on disorders

철학상담과 철학치료 — *어리석음에 초점*focus on foolishness

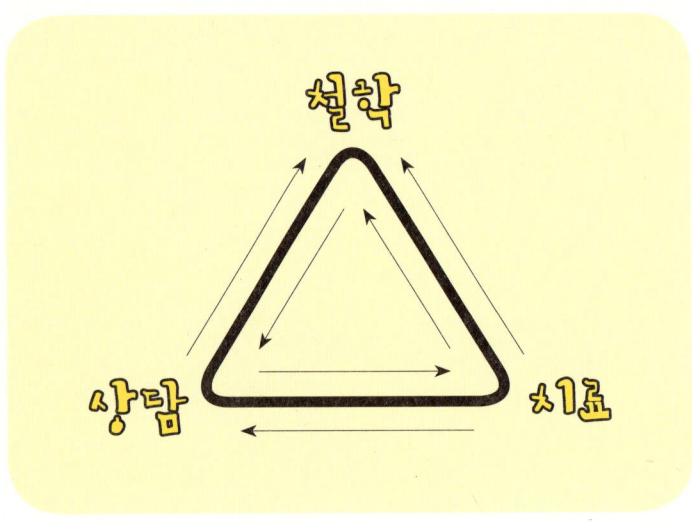

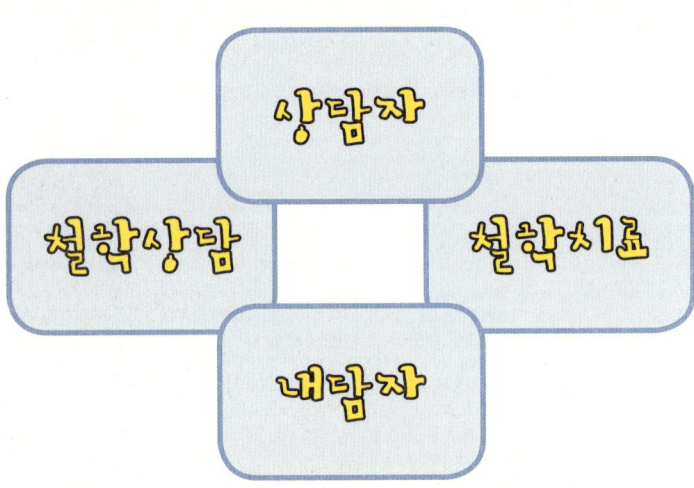

그림 3·3 철학을 터전으로 하는 철학상담과 철학치료의 위상도

그림 3·4를 보고 답해보시오.

동굴안과 동굴밖 중에서 인간이 어느 쪽에 있을 때 어리석을까요? (   )

① 동굴안

② 동굴밖

그림 3·4 동굴 속의 인간

그 핵심을 중심으로 그림 3·4를 아래 같이 변환할 수 있다. 물론 이것은 인간이 지닐 수 있는 지혜로움과 어리석음의 세계를 상징적으로 드러내기 위한 비유장치다.

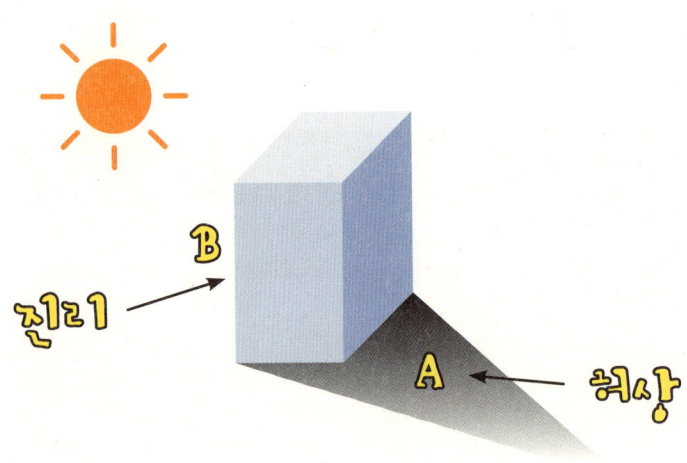

그림 3·5 인간이 살아가는 진리와 허상이라는 두 세계

그림 3·5는 플라톤이 상정한 동굴의 비유allegory of cave를 단순화한 것이다. 이때 그림자로 처리된 부분이

허상의 세계인데 이곳을 A라 하자. 반면 정면으로 태양의 빛을 받고 있는 부분이 진리*의 세계인데 이곳을 B라 하자.

*진리란 언제나 참되고 진실한 것이다.

A의 세계 / B의 세계

어두움暗 ⟶ **밝음明
거짓 세계 ⟶ 진리 세계
어리석음痴如*** ⟶ 지혜로움智如
foolishness ⟶ wisdom

**이때 →는 A에서 B로의 열어-밝힘啓-明을 뜻한다.
***어리석음을 뜻하는 치자 痴字 뒤에 붙어 있는 여자如字는 앞에 있는 치痴의 그러한 상태를 뜻하는 접미사다. 지혜로움을 뜻하는 지여智如에서의 여如도 마찬가지다.

이와 같이 철학을 모-학문으로 하는 철학상담과 철학치료는 정신적 감옥mental prison인 A의 세계에 갇혀 있는 인간을 광명의 진리 세계인 B의 세계로 나아가도록 해주는 작업인 것이다.

8. 철학상담

나는 철학상담을 지혜와 관련시킨다.
— José Barrientos-Rastrojo

철학상담과 철학치료의 공통된 적은 바로 인간의 어리석음이다. 이 말은 인간의 어리석음이 철학상담과 철학치료의 주요 공격 대상이라는 점이다. 이때 어리석음은 지혜로움과 정반대의 위치에 서 있게 된다.

어리석음 foolishness* ⟷ 지혜로움 wisdom**

위의 것을 한자버전으로 더 변주시켜 보자.

痴 ⟷ 智

* 형용사 어리석다는 foolish로 그러한 상태를 뜻하는 접미사 -ness가 붙어서 어리석음 foolish-ness이라는 추상명사를 만들었다.

** 형용사 지혜롭다는 wise에서 e를 빼고 그러한 상태를 뜻하는 접미사 -dom을 붙여 지혜로움 wisdom이라는 추상명사를 생성했다. 원래 wisdom은 지혜인데, 여기서 어리석음과 운율을 맞추어 지혜로움으로 썼다. 그리고 ⟷는 서로 정반대의 위치에 있다는 뜻이다.

철학 Cafe

치痴는 지혜롭지 않음, 즉 어리석음을 뜻하는 한자로 치癡로도 쓰인다. 반면 지智는 지혜로움을 뜻하는 한자다. 역시 두 한자도 서로 정반대의 위치에 있다.

이제 영어버전과 한자버전을 한 자리에 모아 놓자. 아래의 ↓는 위에서 아래로 변환해 나아간다는 뜻이다.

어리석음 foolishness ⟷ 지혜로움 wisdom
↓
치痴 ⟷ 지智

먼저 치痴의 한자를 보라. 앎[知]이 병들어 있다[疒]! 앎은 앎인데 그 앎이 병들어 있는 것, 그것이 어리석음이다. 다음 지智의 한자를 보자. 지는 앎[知]은 앎인데 태양[日]이 비추는 곳에 인간이 서 있듯이 환하게 꿰뚫어보는 앎이다. 그래서 지혜로움이다. 이러한 점 때문에 플라톤식으로 말하면 어리석음은 인간이 어두운 동굴에 갇혀있을 때와 같은 A의 상태이며, 지혜로움은 인간이 어두운 동굴에서 걸어 나와 태양의 빛 아래 서 있는 B의 상태다.

그러면 우리는 어리석음과 지혜로움 중 어느 곳에 있을 때 더 편안함을 느낄까? 이때 편안함은 세속적 안락이 아니라 인간이 지혜로움의 상태에 있을 때 마음 또는 정신에 근심과 걱정이 없는 상태인 평정平靜ataraxia이다. 이것이 이른바 편안함으로서의 ease다! 그런데 인간이 자신의 어리석음으로 인해 이런 편안함ease이 깨져서 편안하지-않음, 즉 불-편不-便dis-ease을 느끼게 된다. 이런 불-편은 단지 불-편으로 끝나는 것이 아니라 마음과 정신의 질-병dis-ease으로까지 나아간다.

불-편dis-ease이 질-병dis-ease으로!

우리 마음속에 지혜로움이 건강하게 살아 있어야 하는데 우리 마음속에 살고 있는 지혜로움이 병들었다. 그래서 우리가 어리석다. 우리가 어리석다는 것은 우리가 가지고 있거나 하고 있는 철학과 철학함에 병이 들었다는 뜻이다. 이럴 때 우리는 철학–병philo-disease을 앓는다. 이런 철학–병으로 인해 삶의 각종 문제가 일어나고 우리는 고통과 번민을 겪는다. 철학–병이 인간의 근원적 어리석음에 의한 질–병, 즉 어리석음–병에서 나오므로 철학–병과 어리석음–병은 항상 같은 것의 다른 표현이다.

*여기서 ⇌는 좌우 통용이라는 뜻이다.

철학–병 ⇌* 어리석음–병

그럼 우리가 겪는 철학–병에는 어떤 것들이 있을까?

철학-병의 종류

① 논리적이지 않아서 생기거나 논리가 없어서 생기는 질병*

② 잘못 알고 있거나 제대로 알고 있지 못해서 생기는 질병**

③ 그릇된 가치관으로 인해 생기는 질병***

④ 잘못된 본질 파악으로 생기는 질병****

여기서 논리학은 철학의 기본이고, 인식론·가치론·존재론이 철학의 3대 영역이다.

위의 ①②③④가 중층적이고 복합적으로 작용하여 인간의 어리석음*****을 만든다! 그러므로 ①②③④로 해서 일어나는 각종 병을 하나로 통합하면 어리석음-병이 되는 것이다.

*철학에서 논리학logic이 이것을 다룬다.
**철학에서 인식론epistemology이 이것을 탐구한다.
***철학에서 가치론axiology이 이것의 영역이다.
****철학에서 존재론ontology이 이것을 취급한다.

*****이때 어리석음은 존재의 통증인데, 자신의 무지無智로 인하여 스스로 지각하지 못하는 〈존재론적인 질-병〉이다.

의사는 환자의 병을 진단하고 이를 치료한다.

↓

상담자는 내담자의 어리석음-병을 점검하고 이를 치료한다.

아래 빈칸에 여러분의 생각을 표현해 보세요.

철학상담이란 무엇인가?

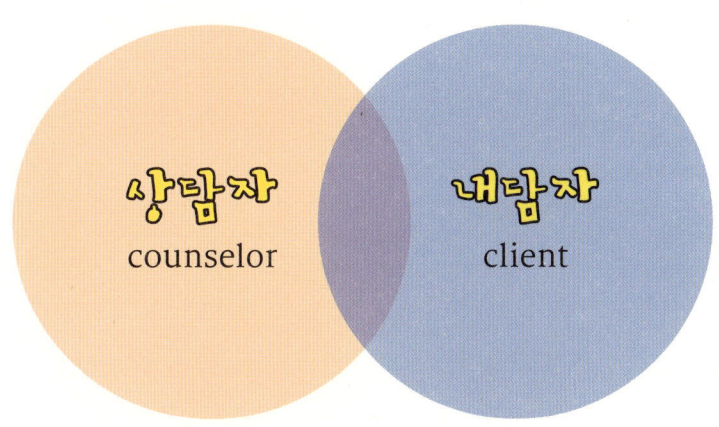

그림 3·6 상담자와 내담자의 존재 위상

의사가 환자의 병을 진단하여 치료하듯이 상담자는 내담자의 〈① 어리석음-병을 점검하고 확인하여〉, 〈② 이를 치료한다.〉 여기서 ①이 철학상담의 영역이고, ②가 철학치료의 영역이다. 그런데 상담자와 내담자의 관계는 의사와 환자 사이의 관계와 매우 다르다. 이런 점을 보여주는 것이 그림 3·6과 그림 3·7이다.

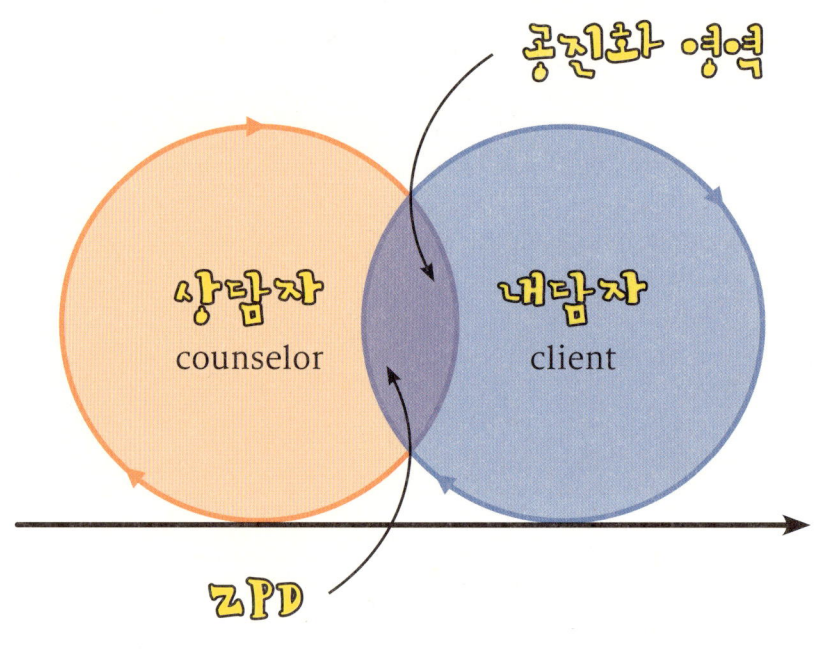

그림 3·7 상담자와 내담자의 상호-의존성

여기서 상담자와 내담자는 상호-의존성co-dependence을 기본 축으로 삼아 대화하며 창조적으로 공진화해 나아간다. 이때 공진화共進化란 상담자와 내담자가 공동 목표*를 향해 공동-차축co-axial으로 함께 나아감이다. 그렇게 나아가며 상담자는 내담자에게 근접발달영역ZPD**을 선물한다.

이 중에서 철학상담Philosophical Counseling이란 철학을 상담의 베이스캠프로 놓고 상담자가 내담자로 하여금 자신의 어리석음을 스스로 자각하도록 전문적으로 도와주는 활동이다. 철학상담에서 상담자가 해야 하는 맨 처음 작업은 내담자가 지금 현재 어떤 어리석음에 빠져 있는지 우선 점검하는 일이다. 그러므로 상담자에게는 내담자의 어리석음을 혜안으로 꿰뚫어보는 감식안connoisseurship이 절대적으로 필요하다!

*이때 공동 목표란 동굴안 A의 세계에서 동굴밖 B의 세계로 함께 나아가는 것이다. 그러면서 내담자는 자신의 어리석음을 자각한 뒤 새로운 인간으로 탈-바꿈self-transformation한다. 이것은 내담자가 진리에 대하여 눈을 뜨는 것이다. 또한 상담자는 내담자의 어리석음을 자각시켜 그것을 혁파하도록 도와주고 내담자에게 진정한 깨우침을 열어준다. 이것은 상담자가 내담자에게 진리의 눈을 뜨도록 해주는 것이다.

**이때 ZPD는 상담자가 내담자 자신의 현재 깜냥보다 더 큰 깜냥의 영역으로 나아가도록 도와주는 내담자의 발달영역이다. 더 자세한 것을 보려면 그림 2·1을 보라.

우리는 이러한 철학상담의 목적을 다음과 같이 세 가지로 파악할 수 있다.

① 상담자는 내담자가 직면하고 있는 삶의 문제와 대면하고, 이를 해결하도록 내담자를 도와준다.
② 내담자는 상담자의 도움을 받아 삶의 고통과 번민을 해소한다.
③ ①과 ②를 통해 내담자는 도저하고 웅숭깊은 삶을 실현한다.

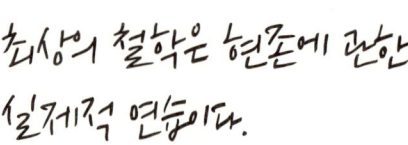

최상의 철학은 현존에 관한 실제적 연습이다.

Philosophy — at its best — is a practical exercise in presence.

— Finn Thorbjørn Hansen

9. 철학치료

철학은 치료다!

— *John Davis*

\# 소크라테스와 운경의 가상 대화

운경: 선생님, 철학치료에서 상담자의 핵심적 역할이 무엇인가요?

소크라테스: 예, 그것은 내담자가 지혜를 임신하고 지혜를 분만하도록 상담자가 돕는 것이지요.

운경: 상담자가 그러한 역할을 할 때 그것에 대한 별칭이 따로 있나요?

소크라테스: 물론 있지요. 나는 그런 사람을 철학적 산파 philosophical midwife라 부릅니다.

아래 세로로 쓴 사자성구四字成句의 음과 훈을 쓰고 그 뜻을 해석해 보세요.

훈　　　음

治
療
無
智

해석:

• 무료 — 지료할 치 병 고칠 료 없을 무 지혜 지
• 해석 — 지혜가 없음을 고쳐준다.

아래 빈칸에 자신의 생각을 자유롭게 표현해 보세요.

철학치료란 무엇인가?

철학치료Philosophical Therapy란 철학을 치료의 베이스캠프로 삼아 내담자로 하여금 자신의 어리석음을 혁파하고 지혜로움을 획득하도록 조치하는 상담자의 전문적 활동이다. 그러므로 철학치료의 역할은 상담자가 내담자에게 자신의 어리석음에서 벗어나 지혜에-대하여-눈을-뜨게-해주는-것de-programming of wisdom이다. 이렇기 때문에 철학치료에서 상담자는 내담자가 지혜를 임신하고 지혜를 분만分娩하도록 전문적 도움을 주는 자이다. 소크라테스는 이를 철학적 산파philosophical midwife라 명명했다.

상담자 = 철학적 산파

신은 나에게 산파의 역할을 강제하였지만 직접 낳는 건 허락하지 않았다.
—소크라테스의 『테아이테토스 150c』 중에서

산파産婆: ① 아이를 낳을 때에, 아이를 받고 산모를 도와주는 일을 직업으로 하던 여자. ② 어떤 일을 실현하기 위해서 잘 주선하여 이루어지도록 힘쓰는 사람을 비유적으로 이르는 말.
―국립국어원 『표준국어대사전』 중에서

우리는 다음과 같이 세 가지로 철학치료의 목적을 파악할 수 있다.

① 내담자가 가지고 있는 어리석음을 일소一掃한다.
② 그럼으로써 내담자는 새로운 세계관을 획득하고, 자기-탈바꿈self-transformation을 성취한다.
③ ①과 ②를 통해 내담자는 완전한 지혜에 도달한다.

너의 실존적 껍데기를 부수고 밖으로 나와!
Break out of your existential eggshell!

―Christopher Phillips

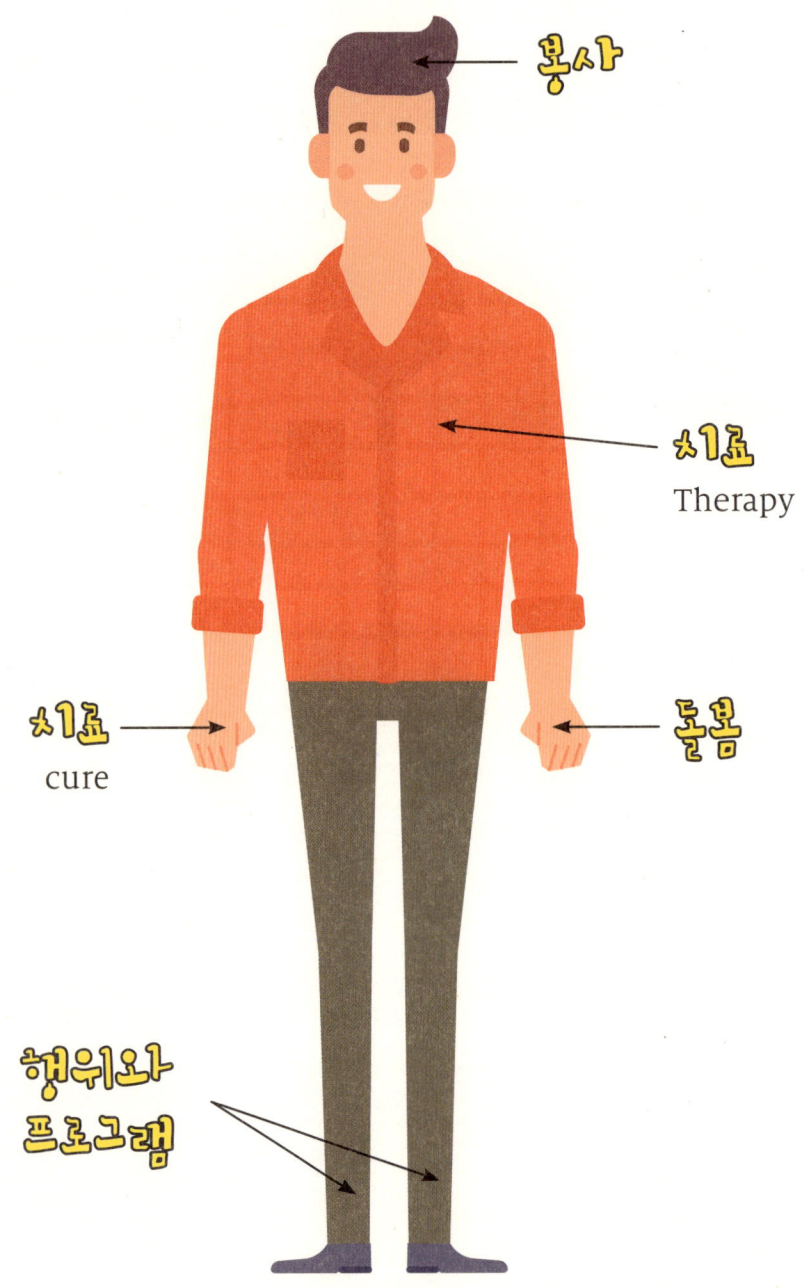

그림 3·8 철학치료의 개념-망

철학치료에서 상담자는 그림 3·8처럼 심장에 치료를 새겨 넣고 내담자를 맞이해라. 양손 중에서 왼손으로는 간호사의 역할을 하고, 오른손으로는 의사의 역할을 하라. 머리에는 투철한 서비스 정신을 탑재한 채 말이다. 그러면서 두 발로 힘차게 내담자를 위해 달려라. 상담자가 내담자를 위해 달릴 때 그 행위는 달릴 때마다 그 족적이 자신만의 프로그램이 되어 내담자를 각성시키라.

상담자들이여, 철학적 산파가 되어라!

에피타이저 ③

철학적 삶

Q: 철학적으로 음미하는 삶이란 무엇인가?

A: 〈나는 누구인가?〉와 같은 본질적 질문에 끊임없이 답하는 삶이다.

맺음말

Philosophia est ars vitae!
철학은 삶의 기술이다!

요즈음 우리 아이들은 철학-병, 즉 어리석음-병을 앓고 있다. 그 실상을 보도록 하자.

예화 : 중학생들의 행복 마인드

어느 중학교 도덕시간에 교사가 학생들에게
다음과 같은 주제로 토론시켰다.

- 행복한 삶이란 무엇인가?
- 행복해지는 방법은 무엇인가?

40분간 두 주제를 토론한 결과
학생들은 이렇게 결론을 내렸다.

- 돈이 많으면 행복한 삶이고, 돈이 없으면 불행한 삶이다.
- 행복해지는 최상의 방법은 로또를 사는 것이다.

위에 등장하는 중학생뿐만 아니라 사람들은 대부분 현재 돈에 최상의 가치를 부여하며 살고 있다. 이것이 문제다. 이들은 모두 당장 철학상담과 철학치료를 받아야 할 사람들이다. 이때 철학상담이란 상담자가 학생들로 하여금 돈이 인생의 최고 가치가 아님을 자각시키는 것이요, 철학치료란 상담자가 위 학생들로 하여금 그들이 빠져 있는 어리석음에서 벗어나 돈이 다가 아닌 삶의 진정한 의미를 어떻게든 깨우쳐주는 것이다.

지금 그들에게 필요한 것은 삶을 관망하는 지혜다! 이를 니체식으로 말해보자. 나의 존재 이유를 아는 사람은 내가 내 삶을 어떻게 살아야 하는지 삼박하게 알고 있다. 하지만 위의 중학생들은 그렇지 못하다. 중학생들의 생각처럼 세속적 욕망의 충족이 행복은 아니다!

어리석은 사람들이여! 철-학-자 philo-soph-er가 되라. 이때 철학자는 다음과 같이 3단 층위로 변주하는 무엇이다.

① 지혜를 사랑하는 사람
↓
② 지혜를 찾는 사람
↓
③ 지혜로운 사람

철학자란 철학함을 하는 자이다. 또 철학함이란 삶의 본질을 스스로 묻고 또 물으면서 자신만의 해답을 찾아가는 과정이다. 이러한 과정은 필연적으로 지혜를 사랑하는 사람이 되는 것이고, 지혜를 사랑하는 사람은 분명 지혜를 찾는 사람이 될 것이며, 지혜를 찾다 보면 그 사람은 당연히 지혜로운 사람이 될 것이다.

그렇다면 지혜란 무엇인가? 지혜란 자신의 삶을 조율하는 전-방위적 능력인데, 삶에 대한 예리한 통찰이 바로 지혜다. 이런 지혜를 다음과 같이 개념화할 수도 있겠다.

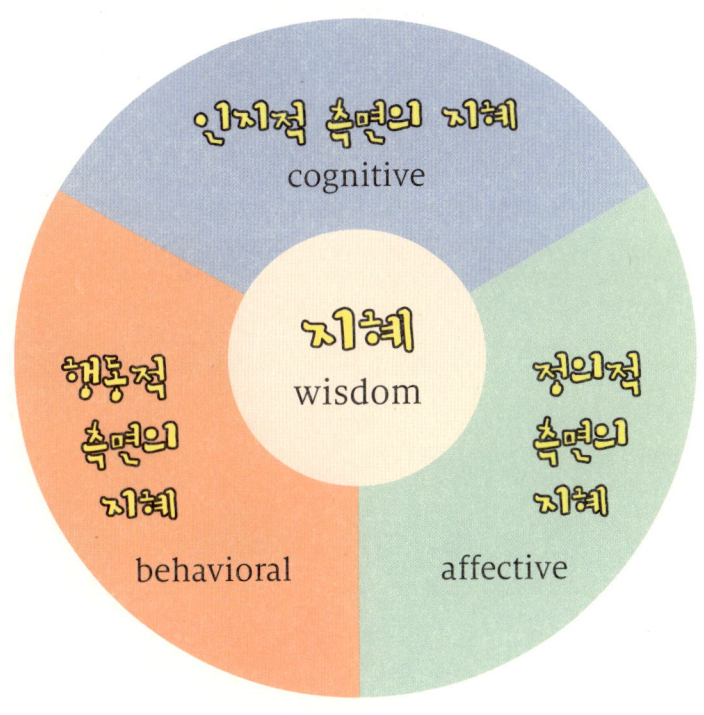

그림 4·1 지혜의 개념-망

철학이 지혜를 사랑하는 것이니 지혜를 얻기 위한 인간의 노력은 철학하는 삶이다. 철학을 하다보면 인간은 지혜로워진다. 이 맥락에서 지혜는 자신이 세상을 바라보는 통합적 안목과 깊이를 말한다. 이것이 위 그림에

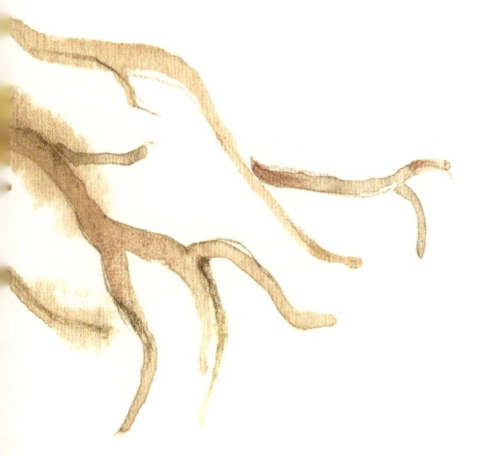

서 인지적cognitive 지혜다. 그러나 지혜에는 그것만 있는 것이 아니라 〈자신이 세상을 바라보는 통합적 안목과 깊이〉를 선호하는 정의적affective 측면, 즉 태도 측면의 지혜도 있고, 〈자신이 세상을 바라보는 통합적 안목과 깊이〉를 실제 삶에서 실천하는 행동적behavioral 측면의 지혜도 있는 것이다. 우리가 이러한 세 영역의 지혜를 골고루 갖추고 있어야 완전한 지혜를 소유한 사람이다.

완전한 지혜를 갖춘 사람이 되어라! 그러나 우리나라는 학교에서 철학을 제대로 가르치고 배우지 않는다. 그러니 〈# 예화 : 중학생들의 행복 마인드〉와 같은 현상은 지금보다 더 심화될 것이다. 이럴수록 앞으로 철학상담과 철학치료는 더욱 더 필요한 과업이 되리라.

여러분은
명성과 명예를 위해서는 행동하면서
왜 여러분의 영혼*을 돌보지 않는가?

*이때 영혼은 인간의 마음이나 정신을 뜻한다.

— 소크라테스의 『변론29e』 중에서

자신의 영혼을 돌보라! 이것이 진정한 철학의 사명이자 소크라테스식 철학함이다. 우리 모두 자신만의 소크라테스가 되자. 오로지 지혜를 곁에 두고 사랑하면서 말이다.

• 더 읽어볼만한 도서

☞ 이 분야를 전문적으로 연구하려는 분이 참고할 수 있도록 관련 서적을 제시한다.

김광수(2013). 철학하는 인간. 고양: 연암서가.

서명석(2018). 성리학의 수양치료. 용인: 책인숲.

철학문화연구소(2014). 계간 철학과 현실. 봄호 통권 제100호.

한국철학상담치료학회(편)(2012). 왜 철학상담인가? 서울: 학이시습.

M. 하이데거/이기상 옮김(1994). 형이상학이란 무엇인가? 서울: 서광사.

Brammer, L. M., Abrego, P. J., & Shostrom, E. L. (1993). *Therapeutic Counseling and Psychotherapy* (6th ed.). Upper Saddle River, New Jersey: Prentice Hall.

Carlisle, C., & Ganeri, J. (Eds.) (2010). *Philosophy as Therapeia*. Cambridge: Cambridge University Press.

Cohen, E. D., & Zinaich, S. (Eds.) (2013). *Philosophy, Counseling, and Psychotherapy*. Newcastle: Cambridge Scholars Publishing.

Corey, G. (2017). *Theory and Practice of Counseling and Psychotherapy*(10th ed.). Singapore: Cengage Learning.

Cushman, R. E. (2002). *Therapeia: Plato's Conception of Philosophy*. London: Transaction Publishers.

Grimes, P., & Uliana, R. L. (1998). *Philosophical Midwifery: A New Paradigm Understanding Human Problems with Its Validation*. California: Hyparxis Press.

Hamilton, E., & Cairns, H. (Eds.) (1982). *The Collected Dialogues of Plato*. Princeton: Princeton University Press.

Kenkmann, A. (Ed.) (2009). *Teaching Philosophy*. London: Continuum.

Knox, J. B. L., & Friis, J. K. B. O. (Eds.) (2013). *Philosophical Practice 5 Questions*. UK: Automatic Press.

Kuczewski, M. G., & Polansky, R. (Eds.) (2000). *Boiethics: Ancient Themes in Contemporary Issues.* Cambridge, Massachusetts: The MIT Press.

Lahav, R. (2016). *Stepping out of Plato's Cave: Philosophical Counseling, Philosophical Practice and Self-Transformation* (2nd ed.). Vermont: Loyev Books.

Marinoff, L. (2002). *Philosophical Practice.* New York: Academic Press.

Phillips, C. (2001). *Socrates Café: A Fresh Taste of Philosophy.* New York: W・W・Norton & Company. / 안시열 옮김(2001). 소크라테스 카페. 서울: 김영사.

Raabe, P. B. (1999). Philosophy of Philosophical Counseling. The University of British Columbia. Doctoral Dissertation.

Raabe, P. B. (2014). *Philosophy's Role in Counseling and Psychotherapy.* New York: Jason Aronson.

Rieber, R. W., & Robinson, D. K. (Eds.) (2004). *The Essential Vygotsky*. New York: Kluwer Academic/Plenum Publishers.

Schuster, S. C. (1999). *Philosophy Practice*. London: Praeger.

Thompson, C., & Henderson, D. A. (2007). *Counseling Children*(7th ed.). Singapore: Thomson Brooks/Cole.